忘却の彼方の旅

風詠社

目次

今から半世紀前、初めて体験した海外旅行のことを、思い出しながら記すことにする。

74歳にもなると昨日のこと、つい先ほどのことさえ忘れてしまう年齢だが、最初のこの旅のことは、その後行ったどの海外旅行と比べても忘れられない思い出になっている。

50年経った今、どれだけ記憶に残っているか・・・？

旅の行方は好奇心と冒険心

私の初めての海外旅行は24歳の夏だった。

当時勤務していた広告代理店の上司から突然言い渡された仕事は、「カメラメーカーの来年のカレンダー用写真を、1ヶ月間でヨーロッパの国々を回ってカメラマンと一緒に撮ってこい」と言い渡されたのである。

この年の2月に結婚したばかりの私に、1ヶ月間も家を空けなくてはならない仕事をなぜ振ってくるのかという不信感はあったが、それを打ち消すには十分に魅力的な仕事だった。断る理由は全くなかった。私はこの仕事を二つ返事で引き受けたのである。

せっかくの初の海外旅行なのだからと、少し早めの夏休みをもらって、カメラマンより一足先に1人で発つことにした。その分飛行機代は自前になってしまい、最安値の航空チケットを探すことにした。見つけたのはソ連（ソビエト社会主義共和国連邦）のアエロフロート航空で、1年間オープンが14万円。旅行代理店は原宿の竹下通りを少し入ったボロビルの3階にあった。社員は3人しかおらず、その無愛想な対応はこれ以上ない不安感を与えてくれた。

本当にこのチケットでロンドンまでいけるのだろうか？

とにかく航空券を入手し、会社にも3週間の夏休みをもらうことで話がつき、カメラマンとはロンドンのホテルで落ち合うことになった。

1973年5月14日、午後1時

妻と友人の2人に見送られながら、予定より1時間も遅れてアエロフロートモスクワ経由ロンドン行きDC8はゆっくりと離陸していった。

1時間後には、すでにソ連の領域上空に入り、眼下には雄大に緑豊かな大地がどこまでも、どこまでも続いている。時々緑の面を割って入る銀色の線は、太陽の光を反射して光る川である。眼下の景色は変わらないまま時間が過ぎていく。こうなるともはや退屈を通り越し、ただただ大地の大きさに驚くばかりだ。

最初の機内食は、珍しさもあって見事平らげたものの、その後の食事はとても喉を通るものではなかった。狭い機内での10数時間は実に苦痛に満ちた空間と時間であった。

現代なら機内で映画も見られて時間は潰せるものの当時の機内にはそのようなものはなかった。ロシア語のパンフレットがあったが全く理解不能な冊子であった。写真だけのページを見ても数分で終わる。ただただ窓の外を眺めるしかなかった。

しかし、ロンドンに着けば、見知らぬ世界に出会えるという、あふれる冒険心と好奇心が苦痛を和らげてくれた。


「なんでも見てやろう！」

「なんでも経験してやろう！」


夕日を追いながら飛ぶ飛行機の機窓は、いつまでたっても日の沈まない空を眺めながら丸い地球の不思議さを映し出していた。

10時間後、飛行機はゆっくりと高度を下げ始めた。現在ならロンドンまで給油なしで飛べるものの、当時最新のＤＣ８機種でも途中燃料給油が必要だった。給油のため到着したのは、殺風景なモスクワ空港だった。初めて踏む異国の地である。しかしその感激に浸る間もなく、異様なほどの警備の中を待合室に案内された。案内されたというより拘留された感じで、待合室から一歩たりとも外に出ることは許されず3時間

1973年5月14日、午後1時。


がたった。

１９５６年に日本とソ連は国交が回復されてまだ年月は浅く、さまざまな問題を抱えていた時代だ。

「まさか飛行中に戦争が起きて、我々は本当に捕虜になったのではないだろうか？あの意味のわからないモスクワ語のアナウンスは、そのことを告げているのでは・・・・？」

ばかばかしいほどの不安がよぎる。

「随分待たされますね、何かあったのですか？」

旅慣れていそうなビジネスマン風の日本人に尋ねた。

「心配いりませんよ。燃料や食料の補給に戸惑っているだけですから。まあ、いつものことです。こちらはのんびりしていますからね」

先ほどまで止まっていた血液が、一気に体全体を流れ始め恐怖感から解放された。

モスクワから６時間でいよいよロンドンだ。

ロンドン・ヒースロー空港

機内放送がロンドン・ヒースロー空港到着を告げる。飛行機はゆっくりと下降し始める。厚い雲を通り抜けるとレンガの家並みが美しい緑に映え、夕日がまた一層その家並みを照らし悠然と私の到着を歓迎しているように見えた。陽の沈まない飛行もようやく夕陽を見ることができた。

ロンドン到着。

他の乗客の後をついて入国手続きカウンターに並んだ。初めての経験で緊張は最高値に達していた。入国審査官はその緊張感を見抜いたかのように次々と質問攻めしてきた。

「ロンドンの滞在はどのくらいですか？」

「3ヶ月の予定ですが」

「所持金はいくらありますか？」

初めての英語での質問だった。なんとか英語を理解して、全財産の10万円を見せた。

私の英語力では到底理解できないほどの早い口調で何かを告げられた。と同時に荒々しくパスポートに押されたスタンプ。

文字ばかりのスタンプをよく見ると、

「1ヶ月以内にイギリスから退去しろ」

という内容だった。金のない旅行者は一刻も早くこの国から去れ、ということらしい。

▲1ヶ月でイギリスを出るように印を押されたパスポート

当時若者が観光ビザで入国してそのまま永住してしまうケースが多く入国検査も厳しくなっていた時代だ。

1ヶ月でイギリス国内から退去しろの指示の怒りも収まらないうちに今夜のホテルを予約しなくてはならなかった。

ホテルの看板のあるカウンターを見つけて並んだ。5、6人の列に並んだものの、英語での質問がわからない。日本を出るときに「海外旅行で役立つ簡単英会話」の一冊でも買っておけばこんな時に役立っていただろうに。

「国は違っても同じ人間、会話が通じ合えないはずがない」

なんて強がりを言って購入しなかったことを少々悔やむ。結局
「何とかなるさ」

いつもの開き直り精神が顔だした途端、前に並んでいた男性の会話が耳に入り、全神経を集中して聞いた。

「Can I book a hotel tonight?」

集中している時の学習力は凄い。一度で覚えてカウンターの女性に向けて話した。

「Yes!・・・・・・」

何かもっと話していたようだったが、私にはその一言で十分だった。

「Yes!」

なんて心地よい響きだろう。

多少文法が間違っていても関係ない。通じるモノだと自信を得た。

空港から中心地であるビクトリア駅まではロンドン名物真っ赤な2階建バスを利用した。ビクトリア駅からは、これも一度乗ってみたかったタクシーに乗ってホテルまで行くことにした。ロンドンのタクシーの運転手はみな厳しい試験を突破した人たち

で、住所を渡すとちゃんと目的地まで運んでくれるという。

黒のオースチン・タクシーは、乗客席と運転席がガラス窓で仕切られており、乗客の会話が運転手には聞こえないようになっている。

乗客のプライバシー保護のためか、それとも運転手が運転に集中するためなのか。いずれにしろなかなかの心地よさで、ロンドン・ジェントルマンになったような思いである。

ホテル予約時にもらった住所メモを運転手に渡すと入り組んだ小路をスイスイと優雅に走り抜け、15分たらずでホテルに着いた。一番安いホテルだけあって、レンガ造りの家並みが続く片隅にあった。

部屋はベッドと小さな洗面台があるだけのシングルルーム。それでもこのホテルには長く滞在できない。明日はロンドンに住んでいるはずの知り合いを訪ねよう。

ベッドに入り眠りにつこうにも、疲れ切った体とは裏腹に、興奮しきった気持ちはすんなりと眠らせてくれない。目を閉じると羽田空港を離陸した瞬間の開放感、モスクワ空港、ロンドンの夜景、タクシーの運転手・・・。長かった今日1日の様々なシーンが駆け巡る。騒々しくて眠れやしない！

ロンドン最初の夜。

次の朝、ケンジントンの知り合いのアパートを訪ねた。インターホンを押すと出てきたのは日本人でなく英語をまくし立てるおばさんだった。無情にもどうやら彼は引っ越してしまったみたいだ。思えば彼と最後に連絡取ったのは2年前の手紙だけだった。彼こそ観光ビザで来てそのまま移住している違法者だ。

ビクトリア様式の建物が並ぶケンジントンの街並みは高級エリアのようで、とても友人が定住できるような街ではない。引っ越していても仕方のないことだ。

人に頼る気持ちを切り替え、まずは高級そうなホテルのフロントに行って市内の地図を入手。その地図を元に歩き回る。歩きながら用もないのにイギリス人に声を掛けて

「すみません。郵便局はどこですか?」

「地下鉄の駅はどこですか?」

必要ない質問をしながら英語に慣れるために繰り返し、繰り返し声を掛けながら市内を歩いた。そのうち少しずつ聞き取れるようになってきた。自信も着けば知恵もついてくる。安いホテルを見つけると

「今夜の部屋は空いていますか」

「一泊いくらですか？」

「1ポンド50セントです」
※当時1ポンド700円くらいだったような気がする。
「半分に負けてくれませんか」

「そりゃ無理だね。他を当たりな」

次にまた安そうなホテルを見つけてまた同じ質問をする。

そうやって同じホテルに何度も交渉しながら夜の街を彷徨っていた。

3度目にもなると夜中の12時近い。

ホテルも空室にするよりはいいかと結局こちらの希望通りの半値で泊まらせてくれる。

「クレージーな奴だ！」と罵られても半額になればしめたモノ。

3日目の日、ホテルをチェックアウトし、もっと安いホテルを探しにトランクを引きずりながら街を歩いていた。とにかく移動にお金を使わず歩くことにした。

ところが途中、日本から持ってきた布製の安いボストンバッグが壊れてしまった。

街角のベンチに座って途方に暮れていると救いの神が現れた。

「日本の方ですか？　どうされました」

事情を話すと
「よかったら僕のアパートに来ませんか？　狭いところですが一つベッドは空いてますので」
何もわからない海外で人に助けてもらうありがたさを強く感じた。
ちなみにその日本人は英語を勉強に来ている学生（Mr.OKUSA）だった。後にドイツ銀行に入り立派なビジネスマンとして活躍している。

▲ロンドンで知り合ったMr.Okusaと記念写真

小澤征爾とロイヤルフェスティバルホール

知り合った日本人のアパートを拠点に、毎日ロンドンの街を歩きながら美術館、博物館巡りにコンサートと満喫した。金はなくても優雅な日々だった。

街の至る所には大きな公園があり、市民の憩いの場所になっている。大好きな美術館もたくさんあり多くの名画に出会えた。何よりもどの美術館も無料というのが嬉しかった。

テムズ川沿いを歩いていると、ロイヤル・フェスティバル・ホール（Royal Festival Hall）を見つけた。ポスターには「小澤征爾とサンフランシスコオーケストラ」と書かれており、早速次の日のチケットを購入した。ロンドンに来て小澤征爾に会えるとは…。日本ではとても考えられないチケット入手スピードと安さ。

翌日、予期もしなかった小澤征爾のコンサートに出かけた。演奏が終わって観客から嵐の如く喝采を浴びる日本人を誇らしく思えた。

次の日もあてもなくロンドンの街を歩いていた。映画館にも興味があって映画館を探した。マーロンブランドの「ラストタンゴ・イン・パリ」の看板を見つけて入場券を求めて列に並んだ。あまり高い席は買えないので1ポンドあたりの席がいいかと思い窓口でおばさんに

「1ポンドの席1枚ください」

するとおばさんが

「ごめんね。たった今その席は売り切れました」

残念。

どうしようかと迷っていると、次のカップルが同じ席を購入している。

「ちょっと、ちょっと！　おばさん！　今席はないと言ったのに二人に売ったじゃない。どうなっているの？」

「悪いね。あんたの時に2枚残っていたのが気づかなかったんだよ」

おばさんは今の席で売り切れたと言いながらまた次のイギリス人に売っている。これは何かあるなと思い一番安いチケットを購入して入場した。その席はスクリーンの両端に1列に並んだ席で、お客は黒人と東洋人だけ。スクリーンを斜めに見ても映像が見えるはずもないひどい席だった。これ、人種差別？　日本では味わったことのない差別を受け寂しい感情を味わった。体を乗り出してスクリーンを見る体勢での映画鑑賞で筋書きは殆ど覚えていない。

人種差別はまだまだ残っていた。

The Underground

ロンドンでは地下鉄をSubwayと呼ばずThe Undergroundと呼ばれ、1863年に開通した世界最古の地下鉄らしい。また別名 The Tube とも呼ばれている。

地下鉄に乗った時、車内がやたら賑やかでなにやら歌を歌っている光景に驚いた。片方の席には赤色系の同じユニフォームを着た人たち、その向かいの席にはまた違う青色系のユニフォーム着た人たちが、それぞれの応援歌を歌っている、というか叫んでいる。

サッカーの試合観戦に向かうサポーター達だった。

当時日本ではまだサッカーが人気スポーツでなく、一部実業団が戦っている程度だった。今では考えられないほどマイナーなスポーツで、私自身も全く興味なく知識もなかった。

車内の賑やかさは車掌のアナウンスも聞こえず、彼らが下車した時にようやく聞こえた。

その駅に名を告げるアナウンスは私の目的地をとっくに通り過ぎていた。

ただただ彼らの異常に熱意に唖然とした記憶がある。

目指すはネッシーの住む「ネス湖」

カメラマンと待ち合わせの日までにはまだ日にちがあるのでヒッチハイクしながら北に向かうことにした。

「そうだ、ネス湖のネッシーに会いに行こう！」

目的地の名前を書いた段ボールを持って道の端に立っていると気軽に車が止まってくれる。

「あんたの目的地とは違うけど途中まででも乗るかい」

「お願いします」

こんな感じで次から次へと乗り継ぎながら北に向かった。バーミンガム、マンチェスター、エジンバラと歴史ある街を訪れることができた。

▲エジンバラ城にて

宿泊は安い「Ｂ＆Ｂ」(Bed and breakfast)。

まさにベッドと簡単な朝食がついてるだけだが十分な宿泊施設だ。

エジンバラのＢ＆Ｂに泊まった時とんでもない事件が起きた。

Ｂ＆Ｂのホテルを見つけてチェックインし、ベッドで夕食（パンとジュース）を済ませベッドに入っていると、突然１００kgはありそうな見知らぬ巨漢の男が鍵を開けて部屋に入ってきた。あろうはずのないこと。彼は少々酒も入っているようで、部屋に入るとソファに横になって眠ってしまった。フロントに駆け降りて苦情を言った。

「申し訳ない。先にあなたに断るべきだったのだが彼が予備の鍵を持って行っちゃったのであなたに連絡するのが遅くなったんだ。彼は常連客で断れなくてあなたと同室にしてもらったのだ。宿泊料金は半額でいいからソファにでも寝させてやってくれ、頼むよ！」

宿泊料金半額に心が緩み許した。

ベッドに入って眠りにつこうとした時、巨漢の男が私のベッドに入ってきていきなり股間に手を出してきた。

「お前ホモか！　俺はその趣味ないからやめてくれ！」

巨漢の男は一向に動じない。蹴り出そうとしても動かない。仕方なく自分がソファ

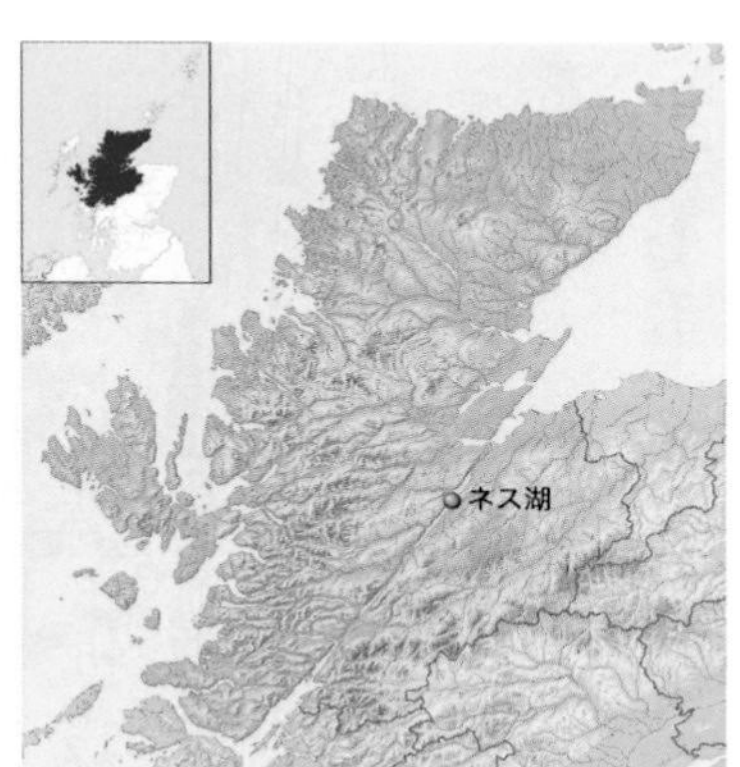

ネス湖の位置（スコットランド　ハイランド地

に寝ることになった。
高イビキをかきながら幸せそうに寝ている男を見て、まさか最初からベッドを占領するための芝居だったのか…？と思いながら私も深い眠りについていた。

1週間かけてネス湖（ロッホ・ネス）に着いた。

ネス湖はイギリス最大の淡水湖で。長さ35キロメートル、幅2キロメートルの細長い湖だ。地形的にはまるで地上が裂けた感じだ。

ネス湖が見渡せる丘の上にテント生活しているアメリカ人に出会った。

「ここで何しているの？」

「馬鹿な質問するやつだな。ネッシーと

出会えるのを待っているんだよ。かれこれ3ヶ月になるかな」

「ネッシーに出会えた？」と質問すると「そんなに簡単に出てきてもらってはネッシーの価値が下がる。じっくり待つさ」

彼も久しく人と話してなかったようで、話が止まらなくなり、結局彼のテントに3泊してしまった。

▲ネス湖が一望できるアーカート城にて

当然ながらネッシーには出会えず、彼に別れを告げてロンドン行きの列車に乗った。
思えば遠く北の果てまできたもんだ。

仕事をキャンセルする

３週間のスコットランドの旅を終えてロンドンに帰ってきた。心に大きな穴が空いた何とも例えようのない空虚感に苛まれていた。とても仕事に入れる状況でなくなった私はコレクトコールで会社に電話をしていた。

「申し訳ありませんが今回の仕事を降板させてください。しばらく自分を見つめ直す休暇を頂きたくお願いいたします」

上司は

「だめだよ。休職なんて許可できない」

「申し訳ありません。それでは退職します」

「いや、辞められては困る。分かったよ。仕方ない特例で休職扱いにするよ」

当時デザイナーとして従事していた私が退職すると会社が困ることは承知での休職願いだった。

「それでは給料は妻が受け取りに行きますので…」

「何！　休職だけでも十分譲歩したのに、給料まで言うか！　給料は払えない！」

上司の怒っている顔が浮かんだ。

「それではやはり退職します」

「いやいや辞めてもらっては困る。仕方ない特例で認めて給料は払うことにする」

何度かやりとりを繰り返しやっと2ヶ月の休職をもらいヨーロッパの旅をすることにした。現金は7万円しか残っていなかったが、会社が撮影のために用意してくれた1ヶ月間有効の『ユーレイルパス』があった。ロンドン以外の国で一等車乗り放題の列車チケットである。

▲ユーレイルパス

▲ロンドン出発の日

あてもなく陸続きのヨーロッパを1ヶ月でどこまで回れるか見当もつかないまま、まさに好奇心だけの目的のない旅の始まりであった。
まず最初に安価に泊まれるユースホステルの会員になるため事務所を訪

れた。通常どの国でも一泊３００円程度で宿泊できる。

申込書に記載して順番を待っていたら気になる貼り紙を見つけた。外国人の場合滞在半年以上の者に限ると書いてある。

「やばい！」

とりあえずダメ元でトライしよう。

「あなたはどのくらいイギリスに滞在してますか」

「半年です」

「失礼ですがその割には英語力が貧しいですね」

「実はロンドンに来てすぐ交通事故に遭いまして。先日まで入院していたので」

ロンドンで知り合った日本人青年のアパートの向かいにあったShepherd's Bush Hospitalの名前を思い出し咄嗟の演技を見せた。

パスポートを提示すると入国日がわかるのですぐに嘘がバレるところだった。運良く何事もなく一枚の会員権を発行してくれた。

今思えばユースホステルの会員になれたのは奇跡に近い。それとも彼女の温情だったのか。

とりあえず準備完了。気まぐれヨーロッパの旅の始まりである。

パリの灯だ！

ドーバー海峡を船で渡りフランスへと向かった。着いた港はカレー（Calais）。2時間の船旅に心ワクワクした記憶がある。カレーの港からバスでパリに向かった。3〜4時間のバスの旅。憧れのパリは美しい夕暮れが迎えてくれた。バスがパリ市内に入った時『Paris』の大きな看板に感動した。

さっそく安価なホテル探しにパリの街を探索することにした。

地下鉄（メトロ）に乗って移動している時、2度目の事件は起きた。メトロの行き先が分かりにくく目的地に向かうメトロかどうか調べている時、油断して自分の荷物を置きっぱなしにしてホームの路線図を見入っていた。その一瞬に、唯一の貴重品であるカメラ（Ｎｉｋｏｎ　Ｆ）を盗まれてしまったのだ。当時Ｎｉｋｏｎカメラは世界中で人気なのでお金に困ったら売却しようと思っていたが、あきらめるほかなかった。気持ちを切り替えて旅を続けることにした。

まず宿であるが、パリのユースホステルは夏季シーズンのためどこも満室で予約できない。少しでも長く泊まれる安いホテルを探さなくてはならない。いつものように街を歩きながら半額割引交渉が出来そうなホテルを当たることにした。一軒の小さなホテルを見つけて、フロントのアメリカ人の若者と交渉し始めると彼が言った。

「よかったら夜だけこのフロントの留守番やらない？ フロントの裏にベッドがあるからそこに寝ればいい。お客が出入りする時に鍵を預ったり渡したりすればいいだけ。会話はほとんどないよ。ここの宿泊客は長期宿泊者ばかりのアーティストが多いので。夜の10時から朝の9時までフロントにいてくれればいいから。もちろん宿泊料はいらないよ」

なんて素晴らしい提案だ。これなら昼間パリの街を存分に見て回れる。即答で引き受けた。

芸術の街、パリは私にとって心躍らせる見たい物いっぱいの憧れの街である。

まず真っ先に訪れたのはセーヌ側右岸にある「ルーブル美術館」。とりあえずモナリザにご挨拶してお気に入りの画家の本物を片っ端から見て回った。ルーブル美術館は、収蔵品数十万点も凄いがこのルーブル宮殿も凄い。元々はフランス王フィリップ2世が要塞として建設したルーブル城で、１６８２年にルイ2世が王宮をヴェルサイユ宮殿に移したことにより以後ルーブル城は芸術家たちの住居兼アトリエと代わり、その後美術館となり現代に至っているそうだ。

ご存知のようにルーブル美術館はとてつもなく広大で作品も古代エジプト美術品、古代ギリシア美術品、古代オリエント美術品から絵画、彫刻、工芸品などが展示されていて、1日ではとても回りきれない。

先を急ぐ旅でもないのでゆっくり時間と日数をかけて回った。

▲パリエッフェル塔をバックに

▲パリ凱旋門の前にて

白いワンピースのヴィーナス

ルーブル美術館では素敵な出会いがあった。それは「ミロのヴィーナス」の彫刻の前でヴィーナスの美しさにしばし止まっていた時のことである。私と同じようにヴィーナスに見とれている白いワンピースの日本人女性がいた。ヴィーナスの美しさと彼女の美しさが交わってまるでビーナスが降りてきたような不思議な美しさだった。彼女は私が日本人とわかると軽く微笑んでくれた。私にとってはまさにヴィーナスが微笑んでくれたような錯覚に陥った。

一夜明けパリ最後の日。先日マドリッド行きの列車を予約していた。最後のパリはやはりルーブル。再びルーブル美術館に出かけた。ヴィーナスが気になったのか昨日会釈してくれた女性が気になったのか、自然に足はヴィーナス像に向かっていた。

ヴィーナス像の前に昨日の女性がいた。

お互いに目を合わせて照れながら挨拶した。

「日本の方ですか」

「はい、そうです」

心臓が飛び出しそうな興奮状態でやっと返事ができた。

「あなた、昨日もこの場所にいらしたわね。ヴィーナスがお好きなの？」

私とは縁の遠い品の良い会話に戸惑いながら
「ええ、ヴィーナスのこの曲線の美しさが大好きで…」思ったこともない咄嗟の返事だった。ただ本物のヴィーナス見ておこう。と単純な思いで見ていただけだったが…。

「よろしかったら、お茶でもご一緒しませんか？　私少し疲れたので休みたいし」

夢のような彼女からの誘いだった。断る理由は何もない。ただここのお茶は高い。今の自分の夕食代に等しい。ヴィーナス像から飛び出したようなこの美女と一杯のお茶に価値はある。結局大見えはってカフェで紅茶を飲みながらお互いの話に時はあっという間に過ぎていった。お茶の後二人で好きな美術品を見て回ったが、何を見ていたか全く記憶がない。ただ白いワンピースの彼女の面影しか思い出さない。

美術館を後にしてセーヌ川沿いを散歩しながら彼女のホテルまで送っていった。着いたホテルは最高級のホテルでジーンズ姿の自分には敷居が高すぎる。まるで映画のワンシーンのようなロビー。

「お時間あるようでしたら夕食ご馳走させていただけませんか？」

結局ホテルのレストランで食事することになった。彼女は流暢なフランス語で注文してくれた。

「何か苦手なものありますか？」

「いえ、なんでも大丈夫です」

「ここのエスカルゴもフォアグラも美味しいの」

目にも美しい、味も最高のフランス料理のフルコースだった。美女と夢のようなディナーのひと時にワインがさらに心地よくさせた。そしてさらに舞い上がらせた一言。

「ねえ、よかったら私の部屋に泊まって行きません？」

「きたー！」

夢の中の夢を見ている。

しばし頭の中で葛藤が始まった。

明日のスペイン・マドリッド行きを諦めて彼女とパリに留まるか？　いやいや、まだヨーロッパの旅は始まったばかりだ。このまま明日のマドリッド行きに乗ってスペインに行くのだ！　同時に日本で一人寂しく私の帰りを待っている妻の顔が浮かんできて、夢から目は覚めたように毅然と。

「ごめんなさい。明日マドリッド行きの列車を予約しているので、残念ですが今夜は私のホテルに帰ります。あなたからはパリで最高の1日をいただきました。ありがとうございました。一生この日は忘れないと思います」

後ろ髪を引かれながら高級ホテルを後にして、無料のボロホテルに帰っていった。

フランスからスペイン。そしてローマへ

次の日の夜6時の列車でマドリッドに向かう。夜中に国境の駅に1時間停車。フランスとスペインの線路の幅が異なるので車輪の交換らしい。それにしてもその作業が1時間は長すぎる。いよいよスペインに入る。線路のガタガタ音と心地よい座席が深い眠りに誘ってくれた。朝眩しすぎる朝日と見たこともない美しい青空が広がる大草原に目が覚めた。スペイン領土に入ってさらに列車は緑豊かな大地を南へと向かっていく。列車と並行して連なる道路には、同じく南へ向かう車で渋滞だ。みんな夏休みをとって避暑地に向かうらしい。その多くが、当時の日本ではあまり見かけないキャンピングカーだった。

マドリッドでは「プラド美術館」にいった記憶はあるがあまり思い出が残っていない。

あのパリの出会いが引きずっている。

まずはホテル探し。ここマドリッドでもユースホステルは満室。いつものように地図を片手にマドリッドの街を歩きながら安ホテルを探し歩いた。見つけた安価なホテルは、ホテルというより民宿。英語も通じない手真似と笑顔で会話する民宿のおばさんは、私よりはるかにあるだろう体重の持ち主。

スペイン家庭料理をご馳走になったことは記憶にある。

マドリッドは2日間滞在してイタリアに向かった。マドリッドからローマに向かう列車は、最新のTEE。パリからマドリッドまで乗った個室の列車と違い、日本で乗るような4人がけの向かい合う席の列車だ。途中バルセロナに停車した。ここで私の隣に1人のバックパックを背負った東洋人が座ってきた。

「あなた日本人ですか？」

「そうです」

「私も日本人ですが」

「あなたはバルセロナに行かれましたか？」

「いいえ、マドリッドから乗ってローマにいく予定です」

「そう、ではバルセロナの夜を味わうことなく通り過ぎていくのですね。残念ですね、最高ですよ、バルセロナの夜は」

彼の話は止まらなく、どうも4日前にバルセロナに来て、夜の女と一夜を過ごしたらしい。2日目の朝駅まで来てローマに向かう予定だったのだが
「もしかしてこの街には2度と来る機会がないかもしれない。あんな素晴らしい夜は2度とないかもしれない」

そう思いまたバルセロナの甘い夜を過ごしたらしい。3日目の朝も同じくローマ行きの列車に乗ろうとしたのだが
「待てよ、昨夜の女は最高だった。あんないい女と夜を過ごすことも2度とないかもしれない」

そうしてようやく4日目の朝この列車に乗ったそうだ。驚きのバイタリティ。

久しぶりに日本語で話ができ何時間も彼と話しながらローマに向かった。

彼が隣のドイツ人のグループに話しかけたのには驚いた。見事なドイツ語で話すのだ。

「いろんな国の言葉を話されるのですね」

「日本語と英語とドイツ語、それに中国語かな。ポルトガル語も話せます」

と言って差し出された名刺には、ハワイ大学の中国文学の教授と記してある。

今回の旅はドイツ人の彼女に振られた傷心を癒すための旅だという。みんなそれぞれの人生を背負っているのだ。

▲１ヶ月で周遊したルート

ローマ、バチカン市国

長時間の列車の旅だったが、教授の話はいつまでも続き、全く退屈することなくローマ・テルミニ駅に着いた。彼は予約してあるホテルに向かい、私はユースホステルの予約があるので一旦別れて、次の日この駅で落ちあうことにした。

私は駅のインフォメーションでユースホステルの場所を聞き、30分の距離を歩いて向かった。ユースについて受付で手続きしようとしたらパスポート入りの財布を紛失したことに気づいた。

「やばい！　パスポート落としたみたいなので来た道を引き返して探してくるよ」

「無駄ですよ。このイタリアで物を落として戻ってくることないわよ。それより日本大使館教えるからそちらにいったほうが正解だよ」

「いや、一度引き返して探してくるよ」

彼女にそう言い残してローマ駅まで道に落ちてないか探しながら駅まで歩いた。

「そうだ。インフォメーションだ」

駅に着いてインフォメーションで財布からお金出してドルをリラに換金した時に落

としたかも？

インフォメーションには先ほど道を聞いて換金した時と同じ人の良さそうなイタリア人がいた。

「すみません。先ほどここで財布を落としたようなのですが、ありませんでしたか？」

彼はカウンター越しに

「中に何が入っていたか言ってごらん」

「日本円とドルが少しと換金したリラとパスポート」

彼は私の話を聞きながら時折下を見ながらうなずき、まるで私をからかっているように時折笑顔を見せながら、細かく質問を繰り返す。

最後に

「これか！」

と私の財布を高々と持ち上げ見せてくれた。

「それだよ!!」

手を出して受け取ろうとすると、待て待てとわざわざカウンターを回って外に出てきてくれて、私を抱きしめて

「なんてラッキーなやつだ。お前は。このローマで無くしたものが見つかるなんて」

▲感動してしばし足が止まった聖母マリア像

と一緒に喜んでくれて何度も何度も強く抱きしめてくれた。

次の日、教授と待ち合わせて「バチカン市国」に向かった。

バチカン市国は世界で一番小さな国でカトリックの総本山である。「サン・ピエトロ大聖堂」は建物全てが芸術品だ。長い歴史を感じさせる美しい装飾、ミケランジェロが描いた絵画など目を見張るものがあり、中でも感動して足が止まったのはミケランジェロ作のピエタ。十字架から下ろされたイエス・キリストを抱く聖母マリアの像だ。

そのほか礼拝堂の絵画の素晴らしさには圧倒された。これほどの建物、

▲ハワイ大学中村教授とバチカン市国にて

絵画を当時の巨匠たちが存分に腕を振るった作品で満ち溢れている礼拝堂に宗教の力も痛感した。

ローマは紀元前から古代ローマ帝国として栄えた街だ。街の至る所にローマ帝国の偉大さを残す遺跡がある。一通り回ってみたが、全てがイタリアの財源を担う観光地である。と同時に悪党たちの稼ぎの場所でもある。スリや強奪は勿論だが、至る所で子供たちが寄ってきて「ジャポーネ。マネー、マネー」とせがんでくる。第二次大戦で日本と同盟であった国。日本は戦後国民一丸となって復興を目指して頑張ってきたのだよ。君らも頑張れ！と思わず叫ばずにはいられない。

古代ローマ遺跡の「コロッセオ」が一望できる芝の上に座って眺めていた時だった。飲み物売りのワゴンに日本の観光客が群がっていた。日本人のほとんどの人たちが「ハウマッチ」というが、飲み物売りはイタリア語でサラッと金額をいう。とても日本人には理解できない。そうすると日本人は大きいお金を出して釣りをもらう形をとる。見ているとほとんどの人が騙されて高いコーラを買ってしまっている。アメリカ人の旅行者はどうするか。アメリカ人もイタリア語での数字は聞き取れない。賢い彼らはメモを取り出して金額を書かせている。数字は世界共通だ。日本人しっかりしろ。日本人旅行者。

ナポリからシシリーへ

「ナポリを見て死ね！」というイタリアの諺がある。ナポリの夜景を見ないで死んでは生きている価値がないということらしい。とりあえずナポリに向かった。

ナポリの街には良い思い出がない。汚い街の印象とやたら「ジャポーネ。マネー、マネー」と寄ってくるガキたちだ。極めつけの嫌な思い出は、チンピラに脅されてお金を取られそうになったことだ。

夜景を見てみようと、高台の方に歩いて行ったら4人のチンピラに囲まれた。

「ジャポーネ。マネー、マネー」

私のような貧乏旅行をしている人間を襲って来るとは馬鹿な奴らだ。

貴重な金を取られてはたまらない。咄嗟に着ていたジャケットを投げ捨て、経験のない空手の構えをして
「Comon !!」とブルース・リーをイメージしながら構えた。

「Oh! KARATE !!」

空手はここイタリアでも知られていたようで彼らはビビって運よく退散してくれた。

ホテルに帰ってスタッフに話したら、そこは旅行者が決して歩いてはいけないエリアだと教えてくれた。

危ない、危ない。

「ナポリを見て死ね」。

これは無用の諺でしかない。

イタリアに着いてから至る所で子供から大人まで金をせびってくる。貧しいイタリアの国事情が見えてくる。

期待していたイタリアが見えない。本当のイタリアを見たい。

ナポリから夜行列車に乗って最終駅まで行ってみようと乗った列車はシシリー島の

南端に位置する街「シラクーサ」行きだった。

「シラクーサ」の子供たち

朝早く「シラクーサ」駅に到着した。

昨夜のナポリの賑やかさとは打って変わり、静かな田舎の漁港街だ。まだ店も開いてない早朝の港町で賑やかなのは魚市場だ。

市場はどの国でも活気に満ち溢れている。

市場をぶらぶらしながら朝飯が食べられる店を探していたら、二人の少女が片言の英語で話しかけてきた。これまであった子供たちと違う素朴な感じの少女たちだ。市場を案内してくれて朝ごはんを食べられる小さなレストラン（日本で言えば小さな食堂）を紹介してくれた。一緒に食べようと言っても遠慮して私が食べ終わるまでそばに立って待っていてくれた。その後地中海を見渡せる海辺で数時間話していた。

お昼近くになったので自分の貴重な食糧のビスケットを取り出して3人で食べ始めた。後ろに3人の子供が立って見ている。

「この子たちにも分けてやるか」

もちろん言葉は通じない。ジェスチャーでこちらにきて一緒に食べようとビスケットを差し出した。一番小さい子が真っ先にビスケに手を出した。するとお姉さんがいきなりその子を叱り、ビスケを受け取るのを止めた。警戒しているのか、親の躾なのかわからない。その後お姉さんも気を許しビスケットを手に取ってくれた。

ふと気がつくといつの間にか大勢の子供が私たち3人を取り囲んでいた。ビスケットは見る見るうちになくなっていった。

それから子供たちと日本語を教えたり、地中海に飛び込んで遊んだり言葉が不要な数時間の子供の世界に遊んだ。

ある少年が「空手できる?」みたいなことを聞いてきた。「いやできないよ」と答えたが当然伝わらない。するとみんなで「カラテ！　カラテ！」とコールしてきたのでしかたなく薄い板を見つけて、大袈裟に「てあー！」と空手の格好をして割って見せた。みんな大喜びで「もう一回、もう一回」と要求してきた。調子良くやっていると小さな子供が手にしてきたのは板でなく角棒だ。これは無理だよと断ってもアンコールは続く。仕方なくトライしたが予想通り割れず、右手に激痛だけが残った。

そしてある時間が来たらみんな「チャオ。チャオ」と言いながら消えていった。

英語の話せる少女が言うには

「あの子たちはみんな働いていて昼の休憩時間が終わったので仕事場に帰って行ったのよ」

貧しい素朴なイタリアと出会えた。少女たちは英語を勉強できる裕福な家庭の子どもたちなのだろう。

6時の最終列車でローマに帰る予定だったので案内してくれた少女たちに別れを告げて駅に向かった。

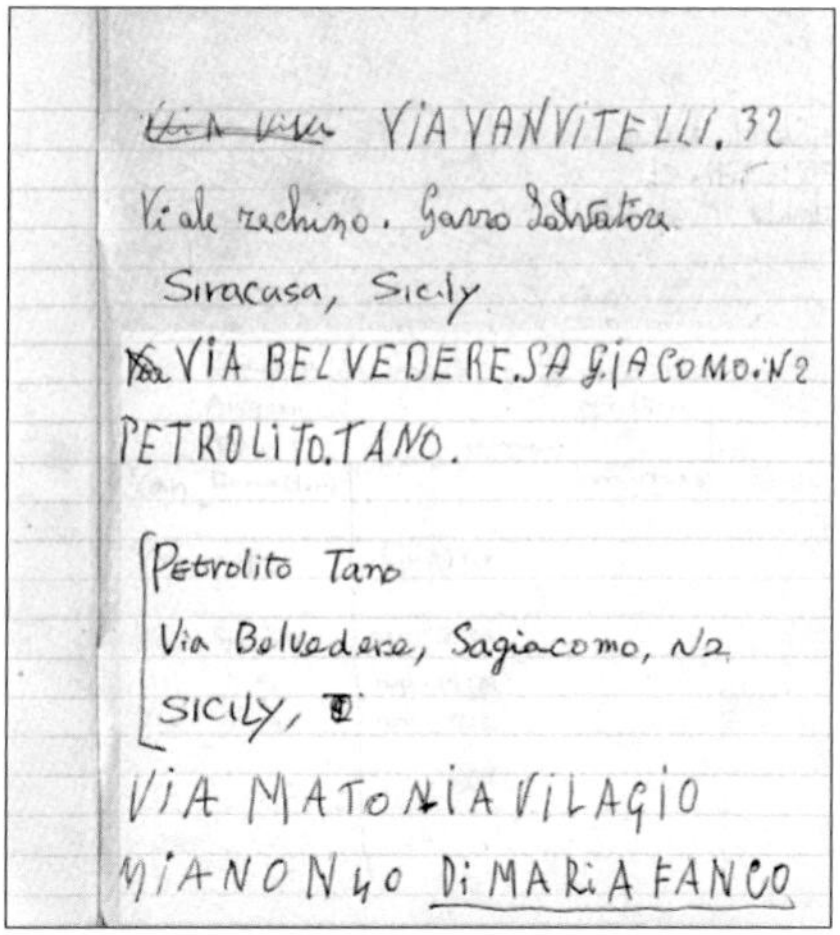

列車は定刻を少し遅れて、ゆっくりとシラクーサの街を離れていった。すると窓の外からワイワイ騒がしい声が聞こえたので窓から顔を出して見ると、線路に沿って昼間一緒に遊んだ子供たちが並んで立っている。

みんな一斉に

「さようなら、さようなら！」と手を振って私を見送っているのだ。昼間教えた「さようなら」の日本語で叫びながら。

この街に来てようやくイタリアらしい

▲子供たちが記念に自分たちの名前を書いてくれたメモ

イタリアに出会えた気持ちになった。

シラクーサの子供たちありがとう！

Grazie bambini!

スイスを目指して北上

旅はイタリアの南端からスイスを目指して北上した。ローマからフィレンツェ、ベネチアに向かう予定だったが、ローマ着が5時間も遅れたため、フィレンツェ、ベネチアは諦めてスイスに向かった。

ローマでスイス・ジュネーブ行きに乗り換えさらに長い列車の旅は続いた。列車は一部屋４人掛けの個室だった。同席となったのは65歳のアメリカ夫人と２人だけだった。

「どこまで行くの？」

「あてもなく一応最終駅のジュネーブまで行く予定です」

これまでロンドンから始まった旅をご婦人に話し終えたら、ご婦人はいきなり世界地図を広げて

「私は世界一周をしているの。日本も行ったわ。京都は最高に良かったわ」
婦人が言うには、ご主人が亡くなって遺産を2人の子供に分け残りのお金で世界一周をしているそうだ。私のヨーロッパ旅行とは規模が違う。私の広げたヨーロッパの地図は静かに閉まった。

いろいろ話しながら退屈しない列車の旅になった。列車はイタリアから山を越えてスイスに入ろうとしていた。いきなり彼女が
「ちょっと！　一緒に通路に出て！」
誘われて部屋を出て通路に立ち窓から外を眺めていた。列車はゆっくりと山を降り窓の向こうにはレマン湖が広がってきた。

雨上がりのレマン湖は、灰色の厚い雲に覆われてその先端から真っ赤な夕陽がレマン湖の水面と厚く覆われた雨上がりの雲の合間を照らしている。
「見て！　なんて美しい夕焼け。今日はラッキーだわ。こんな美しいレマン湖に会えるなんて」私もこんなきれいな夕焼けは見たことがない。二人で感動してしばし車窓の前に釘付けになっていた。

待てよ。いま俺は40歳も歳が違う女性と同じ感動を共有している。なんてことだ。俺もこの人のように老いても若者と同じ感動を持てる人間でいたい。と思った。

「あなたは今夜どこに泊まるの」

「まだ決めていないが、ジュネーブに着いてからユースホステルでも探そうかと思っています」

「だったら次の駅ローザンヌで降りて、そこのユースに泊まりなさい。丘の上の素敵なユースホステルだわよ」

なんでこの人はこんな細かいことまで知っているのか？　とりあえず彼女の言う通りローザンヌに降りてレマン湖が一望できる丘の上のユースにたどり着いた。それはまさに、夢の中のような景色が広がる印象的なユースホステルだった。昨日までのイタリアとは違い花と水と緑のスイスだ。

列車で同席したアメリカのご婦人との出会いは、心の中に深く刻まれた。

スイスからウイーンそしてドイツへ

次の朝ジュネーブから少し遠回りしてウイーン経由のドイツ・デュッセルドルフに向かった。

陸続きのヨーロッパを列車で移動していると車窓の景色がその国の色を感じさせる。

イタリアの埃っぽい茶色から、スイスの豊かな草原の緑、ドイツの重厚な煉瓦造りの濃い茶色。見事に国を越境する度に車窓の色が変わってくる。

国境に近くなると車掌が「パスポートプリーズ」とやってくる。パスポートを出すと部屋の壁にパスポートをかざしスタンプを押してくれる。最も簡単な入国だ。

途中音楽の都、ウイーンに下車した。

到着が夜だったので早速駅構内のインフォメーションでユースホステルの予約を求めて並んだ。

「このシーズン予約なしでユースは無理ですよ。安いホテルを紹介するからそちらでどうですか?」インフォメーションの彼女が話す英語が聞き取りにくくて、何度も何度も確認していたら、背後にいたバックパックを背負ったアメリカ人の若い女性が助けに入ってくれた。そして

「私もユースに泊まろうとしてたの、彼女のいうツインの部屋に一緒しましょう」

「えっ?」

聞き違えたのかと思い再度確認するとやはりそうだ。私の承諾も取らないうちに彼女はさっさと手続きし、私を引き連れて小さなホテルに入った。

ホテルはベッドが二つあるだけの小さな部屋で、二人でそれぞれのベッドに腰掛けて話せる状態だ。座る位置を少しずらさなくては彼女の足に触れてしまうほどの狭さ。

「あなた、夕食は?」

「これから何か買いに出ようかなと思っている」

「この時間はもうどこも空いてないわよ。今夜は私がご馳走するわ」

と言いながらバックパックから取り出したのはフランスパン。それを半分にちぎってチーズを一枚添えてくれた。「これだけ?」

しかし最高の味のある夕食をご馳走になった。

豪華な食事が終わるとそれぞれの旅を話しながら時間を過ごした。彼女はアメリカ人の大学生で1人でヨーロッパを旅しているそうだ。

「私は明日の朝早いのでもう寝るわ」

と言って私の眼の前で着ていたTシャツを脱ぎ、ジーンズも脱ぎ捨ててパンツ1枚になってベッドに潜り込んだ。

「おやすみなさい。明日あなたが寝ている間に出ていくわ。いい旅が続くこと祈っているわ」

唖然としながら私もベッドに入ったが、隣にショーツ一枚の女性が寝ていると思うと悶々として朝を迎えたのも仕方ない。

アメリカ人の寛大さを感じ、何故かアメリカ人に興味を持った。

と同時に男として見られなかった一抹の寂しさも感じながら男の魅力って何かを考えさせられたウイーンの夜だった。


ウイーンは多くの芸術家を生み出した街だ。音楽家ではベートーヴェン、モーツアルト、シューベルト、ブラームス。ベートーヴェン博物館を訪ねた記憶があるが、美しい街並みに感動して歩いた記憶のほうが色濃く残っている。ゴシック建築の教会、宮殿を一回りすると、ウイーンを後にしてデュッセルドルフに向かった。

デュッセルドルフでは、次の目的地コペンハーゲン行きが出るまで5時間もあったので、駅構内にある映画館で時間を潰すことにした。ドイツ語の映画の題名もわからないまま入場した。映画はポルノ映画。勿論ノーカットのポルノ。24歳の自分には昼間から刺激が強すぎて、なかなかスクリーンに目がいかない。少し目が慣れて観客の面々を見ると、ほとんどが男女の２人連れ。１人で鑑賞しているのは自分だけ。恥ずかしさと気まずさでさっさと映画館を後にした。

旅はデンマーク・コペンハーゲンへ向かう。

童話の世界に迷い込んだような美しい街並み、コペンハーゲン

コペンハーゲンは、童話作家アンデルセンで有名な街だ。色とりどりの木造の建物とレンガ作りの歴史を感じさせる建物が立ち並ぶ。千年以上の歴史があるヨーロッパ最古の王国として歩んできたそうだ。

夜のホテル探しの前にチボリ公園のベンチで休んでいたら金髪の背の高い女性が話しかけてきた。

「どこからきたの？」

「日本だよ」

身長が１８０㎝はあるだろう金髪の美女。

暇な私に付き合っていろいろな話をしてくれたというより、日本の質問ばかり。東

洋の日本は彼女たちには遠い国なのかもしれない。

話が盛り上がり夕食をご馳走してくれることになった。両親と弟の4人暮らしの彼女の家に招かれデンマーク料理をご馳走になった。料理は酪農国家らしく豚肉や乳製品を使用したシンプルな料理だった。出されたチーズが美味しかった記憶がある。ご両親がいきなり
「コペンハーゲンのホテルは高いから我が家に泊まって行きなさいよ。使ってない屋根裏の部屋があるから。何泊でもいいわよ」

貧乏旅行者には嬉しい一言。

確かに北欧に来ると高い税金のせいで物価が高い。でもその高額な税金も市民に還元され老後補償もかなり充実しているそうだ。結局ずうずうしく2泊させてもらった上に十分な栄養補給をさせていただいた。

ムンクのオスロからベルゲンへ

コペンハーゲンを後にして向かったのはノルウエイのオスロ。オスロといえば『叫び』の作者エドヴァルド・ムンクだ。オスロは緑豊かな街で、至る所にヴァイキング

時代を今に伝える博物館が多くある。

ノルウエイのユースホステルも夏季シーズンは人気で予約なしでは泊まれない。仕方なく列車で移動宿泊をしながら次の街に向かった。スカンジナビア半島を横断してみよう。単純な気持ちで乗ったのはベルゲン行きの列車（ベルゲン鉄道）。約10時間はかかった記憶がある。

列車は車輪以外全て木材でできているような列車で気に入った。

列車は静寂の北欧の山を上り詰め、中間点に当たる駅に停車した。「この駅で1時間停車します」というアナウンスがあったが、どうやらこの駅でみんな昼食を取るらしい。

この小さな駅に到着するといきなり前の貨車より10人程度のブラスバンドが演奏しながらホームに並び、乗客を歓迎してくれた。駅には建物も

▲フィンセ駅の裏にある湖の上で。
6月だというのに雪と氷の世界

なくホームには一台の屋台があり、その店でサーモンのサンドイッチを食べた記憶がある。6月だと言うのに周りは一面の雪景色。駅のそばにある湖も水面が凍っていて人が歩けるほどだ。みんなビール片手にバンドの演奏に合わせて楽しそうに歌い踊っていた。ふと時計を見ると出発時間になっている。車掌に
「もう出発時間過ぎているのだが何かありましたか」
「見てごらん。みんなこんなに楽しんでいるのだからもう少し楽しませてあげようよ」
おおらかさと言うよりは呆れるほどの寛容なサービス精神だ。結局列車は2時間遅れで出発した。そしてこのベルゲン鉄道の最高地点・標高1222メートルにあるフィンセ駅からは車窓の雪景色を見ながらベルゲンに向かって一気に下っていった。

ベルゲンはかつてノルウエイの首都が置かれたこともある由緒ある街らしい。何と言っても街が美しい。三角屋根のカラフルで可愛らしい木造家屋。どの家の周りにも花壇がある。
ユースホステルは高台にあってフィヨルドの海岸と美しい街並みを一望できる。全く別世界にやってきた感じだ。チェックインしたのは夜の9時近くになっていた。北

欧のユースホステルは他の国の倍近い宿泊費だ。

長居はできない。保持金も底が見えてきた。

夕食はサーモンに魚介類の食べ放題だったが我慢してホテルのベランダでパンをかじりながら終わらせた。

豪華なバイキング料理より、フィヨルドの海岸、街並みを眼下にこれほどの豊かな夕食時間はないと言う美しい景色がおかずになった。

夜も10時過ぎだというのにまだ日は明るく、眼下に広がるフィヨルドの海は静かで波もなく、人々はすでに眠りについていて街並みは車一つ走ってない。まるで眠っている街の情景だ。

「北欧の白夜だ！」

全てが止まっているような景色を眺めながら時間を過ごしていると自分を見失ってしまう。思わず呟いていた。

▲夜 11 時。ベルゲンのユースホステルにて

「俺の名前は藤田裕治、日本から旅してきてノルウエイまで来た24歳の青年だ」

思考回路がおかしくなったような不思議な感覚だった。

夜も11時過ぎると日は沈み、ようやくベルゲンにも夜が来た。なかなか寝付けず部屋の窓から外を見ていたら、まだ3時ごろだったが朝日が昇ってきた。

「あれ！　世界に太陽は1つだよな？」

ハンバーガーとドーバー海峡

資金不足でもうこの先に移動できない。

もっと北へ行きたかったのだが…。

ドーバー海峡を渡る船賃を残しておかなくてはならない。既に残金5千円程度。これから宿泊は全て列車内。どこにも寄らずただただベルギーのオーステンデの港を目指そう。ベルゲンのユースホステルの朝ご飯のパンを余分に貰っておいたので、そのパンを少しずつかじりながら空腹に耐えてベルギーに向かった。途中楽しみにしていたオランダは通過するだけ。車窓を眺める余裕もなくただただ空腹と戦いながら列車の旅を続けた。

ようやくベルギーのオーステンデの港に着いた。ロンドン中央駅のビクトリア駅までのチケットを買う予定だったが、そこまで買うと5千円をオーバーして買えないので、とにかくドーバー海峡を渡ることができればとドーバーまでの乗船チケットを購入した。手元に1000円余りのお金が残った。突然、「これでロンドンに帰れる」という安堵感から封をしていた空腹感が呼び戻った。一番安いハンバーガーとコーラを買い船上でドーバー海峡の海風を感じながら人生最高のハンバーガーを食べた。

久しぶりに至福の数時間を過ごせたのも束の間。早速ドーバーに着くと税関を通過しなくてはならない難問が待っていた。

パスポートを提示すると
「お金はいくら持っていますか」

既に財布は空っぽで
「これしか残っていません」と小銭を見せた。

「それでは入国はできませんよ。横で待っていてください」

他の人たちが入国し終わるまで待たされて事務所に連れて行かれた。

何かと聞かれ1時間が過ぎた。ここでダメ元の大芝居を打った。

「私は3ヶ月ヨーロッパの国々を旅していた。それで持っているお金は使い果たしたのだがロンドンにいる友人のところにカバンとお金を置いている。これから1週間ロンドンを観光して帰ろうと思っている」

ロンドンで居候していた日本人の男性のアパートの住所を伝えた。さらに2時間待たされて

「あなたの友人が確認できました。入国を許可します」

冷や汗モノの再入国となった。

現代のように通信が発達していたならば、電話で本人に確認を取っていただろうが、当時携帯電話はなく、ましてや若い留学生のアパートに電話があるはずもない。

通関を終えて出ると目の前が列車のホームになっている。そこに停まっていた列車は「ビクトリア行き」これだ！　ヨーロッパの改札は日本のように乗車前のチケット確認がない。そのまま列車に乗れるのだ。一般車両の自由席に飛び乗った。ユーレイルパスはロンドンでは使えないので、チケットがないまま飛び乗った。

列車は急行列車で途中1箇所しか停まらない。その駅を出て間も無く「チケットプリーズ。チケットプリーズ」と車掌がチケットの確認にきた。

「まずい、どうしよう?」と思っていたら突然、私の背中を叩き「チケットプリーズ」ときた。

「はあ?」とぼけた顔で振り向いた。

「チケットプリーズ」

「はあ?」

「チケットプリーズ」

「はあ?」

「あんたは英語がわからないのだね」

隣の席の人のチケットを取って
「このようなチケット見せなさい!」

それでも
「はあ?」

この繰り返しを数回やっただろうか。とうとう最後に車掌は怒り
「降りろ!」と大声で叫びながらも、諦めたのか許してくれたのか、一応怒りの態度は見せながらも、笑顔で次の人のチケット確認に回って行った。

車掌がいなくなると前の席の老人が

「一体どうしたんだね？」

と訊ねてきた。これまでのヨーロッパの旅を話して、最後にお金がなくなってこの列車に乗った話を聞かせた。

「なんだ、英語話せるじゃないか。いやあ、驚いた。最高の演技だったね。お腹空いてるだろう、これ食べなさい」とベーグルパンを差し出してくれた。「ワインも飲むかい？」

左向かいのご婦人も
「愉快だったわ、よかったらこれも食べて」

といろいろなスナックを出してくれた。

イギリス人の温かいもてなしに久しぶりに満腹感を味わった。

夜の10時。列車はビクトリア駅に着いた。もちろん改札は素通りできる。

ビクトリア駅から日本人学生のアパートの近くまで地下鉄に乗らなくてはならない。料金は15ペンス。小銭をあさっても10ペンスしかない。これ以上無賃乗車はまずい。最低区間の５ペンス買ってその駅でおりた。後は歩いて彼のアパートに向かった。３時間も夜のロンドンを歩いて着いたのは夜中。

いつも曇っているロンドンだがその日は珍しく月が出ていた。５ペンスを握りしめ意味もなくサマセット・モームの「月と六ペンス」を思い出した。

こうして私の好奇心溢れるヨーロッパの旅は終えた。思えばこのヨーロッパの旅でいろんな国を訪れたが、普通の観光旅行で味わう観光や食事をすることはなかった。フランスパンと豆の缶詰、ソーセージなどでほぼ1ヶ月過ごした。イタリアのスパゲッティもドイツのビールも食した記憶がない。しかし心温かい人に愛情いっぱいのご馳走をいただいた。

何よりこの旅は色々な国の人と出会い、触れ合えたことが、どんな料理より美味しくのちの人生に栄養になった旅だった。

74歳の今になってこの旅を振り返って思うことは、今どれだけあの時代の好奇心、冒険心が残っているのだろうか?

もう一度あの好奇心、冒険心を思い出し、残り少ない人生を生き抜きたいものだ。

▲1ヶ月のヨーロッパの旅を終えて
MR.Okusa のアパート前

藤田　裕治（ふじた ゆうじ）

1948年12月25日生　74歳
広島県庄原市出身
現在広告制作会社「スティング・プラス」代表取締役

忘却の彼方の旅

2023年11月10日　第1刷発行

著　者　藤田裕治
発行人　大杉　剛
発行所　株式会社 風詠社
〒553-0001　大阪市福島区海老江5-2-2
大拓ビル5 - 7階
TEL 06（6136）8657　https://fueisha.com/
発売元　株式会社 星雲社
（共同出版社・流通責任出版社）
〒112-0005　東京都文京区水道1-3-30
TEL 03（3868）3275
装幀　2DAY
印刷・製本　小野高速印刷株式会社

ISBN978-4-434-32730-8 C0095